SDGs が現代社会の問題とどのようにつながっているか見てみよう

　私たちが暮らす地球を持続可能にしていくために、世界各国が手を取り合ってさまざまな問題を解決していこうという目標が、SDGs (Sustainable Development Goals) である。2015 年 9 月の国連サミットで採択され、2030 年を達成の期限としている。この「SDGs 関連 MAP」では、SDGs の目標と現代社会の問題とがどのようにつながっているかを示している。　WARM UP　に取り組む前に、SDGs が社会やあなたの生活とどう結びついているのか、全体像を見てみよう。

SDGs は現代社会の問題と どのように結びついているだろうか？

まずは、現代社会でどのような問題が起きているのか、SDGs を達成して持続可能な社会を築くためにはどうすればよいのかを考えてみよう。

Q1 世界の海を守るためには？

資料①：世界の海洋水産資源の状況

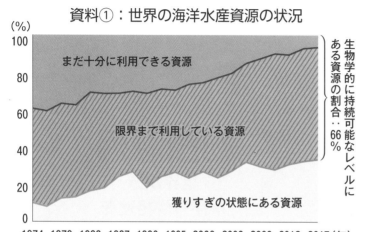

まだ十分に利用できる資源
限界まで利用している資源
獲りすぎの状態にある資源

生物学的に持続可能なレベルにある資源の割合…66％

※「水産資源」とは、海洋や陸水に生息している生物のうち人間が食料その他の目的で利用する生物のこと。
出典：水産庁「令和2年度 水産白書」より

資料①から考えられる問題

資料②：海岸のプラスチックごみ

資料②から考えられる問題

······ アプローチ ······

1 資料①②から考えた問題とかかわりの深い SDGs のゴールを挙げてみよう。

2 世界の海を守るために、私たちに何ができるか考えてみよう。

Q2 世界で起きている食料問題と向き合うには？

資料③：ハンガーマップ(2021 年)

資料④：南スーダン 壊滅的な飢餓との闘い(動画)

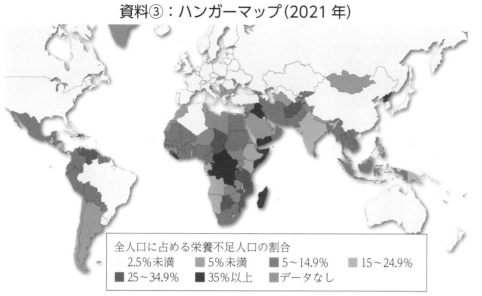

出典：日本ユニセフ協会より

全人口に占める栄養不足人口の割合
- 2.5%未満
- 5%未満
- 5〜14.9%
- 15〜24.9%
- 25〜34.9%
- 35%以上
- データなし

※「ハンガーマップ」とは、世界の飢餓状況を表した世界地図のこと。

出典：国連世界食糧計画(国連 WFP)資料より

! 資料③から考えられる問題

! 資料④から考えられる問題

アプローチ

1 資料③④から考えた問題とかかわりの深い SDGs のゴールを挙げてみよう。

2 世界で起きている食料問題に対して、私たちに何ができるか考えてみよう。

Q3 日本のエネルギー問題とは？

資料⑤：主要国の一次エネルギー自給率比較（2019年）

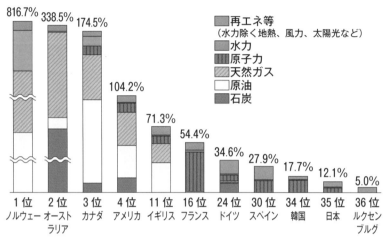

凡例：
- 再エネ等（水力除く地熱、風力、太陽光など）
- 水力
- 原子力
- 天然ガス
- 原油
- 石炭

| 1位 ノルウェー 816.7% | 2位 オーストラリア 338.5% | 3位 カナダ 174.5% | 4位 アメリカ 104.2% | 11位 イギリス 71.3% | 16位 フランス 54.4% | 24位 ドイツ 34.6% | 30位 スペイン 27.9% | 34位 韓国 17.7% | 35位 日本 12.1% | 36位 ルクセンブルグ 5.0% |

注）1. 表内の順位は OECD36 か国中の順位。
2. 一次エネルギー：石油、天然ガス、石炭、原子力、太陽光、風力などのエネルギーのもともとの形態のこと。

出典：資源エネルギー庁「日本のエネルギー2021」より

! 資料⑤から考えられる問題

! 資料⑥から考えられる問題

資料⑥：世界のエネルギー資源確認埋蔵量

54年	**49年**	**139年**	**115年**
1兆7,324億バーレル	188兆 m³	1兆741億トン	615万トン
石油（2020年末）	天然ガス（2020年末）	石炭（2020年末）	ウラン（2019年1月）

注）イラストでは、今後採掘が可能と予想される期間である「可採年数」と、「確認可採埋蔵量」を示している。

出典：一般財団法人日本原子力文化財団「原子力・エネルギー図面集」より

アプローチ

1 資料⑤⑥から考えた問題とかかわりの深い SDGs のゴールを挙げてみよう。

2 持続可能な社会に向けて、日本はどのようにエネルギー資源を活用したらよいか考えてみよう。

Q4 地球の資源を守るためには？

資料⑦：食品ロスの現状（2017年）

13億トン/年

世界では、
まだ食べられる食料が
13億トンも廃棄に

612万トン/年

そのうち日本では、
約612万トン
廃棄している

1杯/日

国民1人あたりに換算すると、
毎日お茶碗1杯分の食料を
捨てていることになる

※「食品ロス」とは、まだ食べられるのに、捨てられてしまう食べ物のこと。

出典：農林水産省資料より

！ 資料⑦から考えられる問題

！ 資料⑧から考えられる問題

資料⑧：日頃の買物で意識していること（環境問題関係）

当てはまる（計）　　当てはまらない（計）

	かなり意識している	ある程度意識している	どちらともいえない	あまり意識していない	ほとんど・全く意識していない	無回答
ごみを減らし、再利用やリサイクルを行う	19.3	44.1	20.1	11.6	3.9	1.0
環境に配慮されたマークのある食品・商品を選ぶ	8.1	35.9	27.8	21.6	5.7	0.9
リサイクル素材でできた商品（再生紙など）を選ぶ	7.5	24.9	34.2	23.3	9.0	1.0

ごみを減らし、再利用やリサイクルを行う　63.4　15.5

環境に配慮されたマークのある食品・商品を選ぶ　44.0　27.3

リサイクル素材でできた商品（再生紙など）を選ぶ　32.5　32.3

全体（N=6,173）　0　20　40　60　80　100(%)

■かなり意識している　▨ある程度意識している　☐どちらともいえない
☐あまり意識していない　■ほとんど・全く意識していない　☐無回答

注）1．消費者庁「消費者意識基本調査」（2019年度）により作成。
　　2．「あなたは日頃の買い物で、以下のことをどの程度意識していますか。」との問に対する回答。
　　3．四捨五入のため合計は必ずしも一致しない。

出典：消費者庁「令和2年版消費者白書」より

アプローチ

1 資料⑦⑧から考えた問題とかかわりの深いSDGsのゴールを挙げてみよう。

2 地球の資源を守るために、消費者として何ができるか考えてみよう。

「探究的な学習」とは

「探究的な学習」とは、右図のように、問題解決的な活動が発展的にくり返されていく学習活動を指す。本書では、以下4つのプロセスを順番に学んでいこう。

①【課題の設定】体験活動などを通して、課題を設定し課題意識を持つ。

②【情報の収集】必要な情報を取り出したり収集したりする。

③【整理・分析】収集した情報を、整理したり分析したりして思考する。

④【まとめ・表現】気付きや発見、自分の考えなどをまとめ、問題の解決に向けた判断をし、表現する。

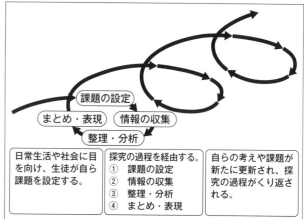

探究における生徒の学習の姿

| 課題の設定 |
| まとめ・表現 情報の収集 |
| 整理・分析 |

日常生活や社会に目を向け、生徒が自ら課題を設定する。

探究の過程を経由する。
① 課題の設定
② 情報の収集
③ 整理・分析
④ まとめ・表現

自らの考えや課題が新たに更新され、探究の過程がくり返される。

出典：文部科学省資料より

課題の設定とは

「課題の設定」とは、自らが抱いた疑問や問題意識から探究テーマを設定し、具体的な「問い」と「仮説」を立てることで、探究学習の中でも最も難しいプロセスとされる。探究テーマとは、探究学習として取り組む大まかな方向性を示すもので、探究テーマの中から見つけた具体的な論点（「〜〜にはどうすればよいか？」「○○のためには、どのようなことが考えられるか」など）が問いとなる。さらに、問いに対する答えの予想を仮説として立てることで、課題の設定が成り立つ。ここでは、「課題の設定」の基本的な方法を学習しよう。

1 探究テーマの考え方

探究テーマには、「自由とは何か」といった哲学的なもの、「環境に優しい商品とは」といった企業で考えそうなもの、「プラスチックごみを減らす方法」といった社会的な課題を考えるものなど、さまざまなものがある。

その中で注目したいのが、SDGsの17のゴールから考えることである。SDGsで取り上げているゴールは、環境や社会、経済にかかわる課題、つまり私たちの生活に大きくかかわる課題ばかりである。SDGsを起点に探究テーマを考えることは、そのまま私たちの身近な課題を考えることにつながるため、問いが立てやすく、情報収集の見通しも立てやすくなる。　※SDGsの詳細についてはp.1とp.28を参照。

2 問いの立て方

探究学習は「問い」を立てる、つまり疑問を明らかにすることから始まる。そのため、「問い」は疑問形で表現したほうが探究学習を進めやすい。例えば、「障害者の雇用について」では何を明らかにしたいのかがはっきりしないが、「障害者の一般就労率を上げるためにはどうすればよいか」とすると明確な問いになり、どのように探究学習を進めていけばよいか、具体的に考えやすくなる。

探究テーマから具体的な「問い」に落とし込む方法の1つとして、疑問詞（5W1H）の活用がある。実際に疑問文の形にすることで、元々は漠然としたテーマであっても、「問い」が見えてくる。

例）探究テーマ：長時間労働について

	最初の問い	最初の問いから生じるさらなる問いの例
Who	だれが？	労働者の中でどのような人たちが「長時間労働」になりやすいのか。
What	どういう意味？	どれくらい働くと「長時間労働」になるのか。
When	いつから？	いつから労働者の「長時間労働」が問題視されているのか。
	いつまで？	「長時間労働」の是正はいつになったら実現するのか。
Where	どこで？	日本以外の国で「長時間労働」の問題は起きているのか。
Why	なぜ？	なぜ「長時間労働」の問題が起こるのか。
How	どういう経緯？	どういった経緯で労働者は「長時間労働」になってしまうのか。
	どうなっている？	「長時間労働」の問題を抱えた労働者はどれくらいいるのか。
	どうやって？	「長時間労働」の問題を解決するにはどうすればよいのか。
	どうすべきか？	企業は労働時間のルールをどのように定めればよいのか。

3 仮説の立て方

　「問い」を立てたら「仮説」を立てよう。仮説を立てると、どのような調査や情報収集が必要となるのか見通しを立てることができる。また、適切な「問い」を立てることができているか、「問い」の妥当性を確認することもできる。以下のように、現状把握や情報収集をもとに考えると「仮説」を立てやすい。仮説は、はずれても検証し直せるようにできるだけ複数立て、一緒に根拠も示すようにしよう。

例）問い：水泳の大会で上位入賞するためにはどうすればよいか。

現状把握1	ほかの出場選手よりも練習時間が短いかもしれない。
仮説1	練習時間を増やせば強くなれる。
検証1	練習時間を増やしても、大会の成績は上がらなかった。
現状把握2	練習以外にも改善すべきことがあるのではないか。
情報収集	自分よりも強い選手に、練習以外に意識していることを聞いてみた。
仮説2	食事メニューを管理するなど、水中以外でも水泳に重きを置いた生活をする。

参考

●先行研究・事例を調べることが大切
　これまでに行われてきた研究や事例を先行研究・先行事例という。どのような研究によって、すでに何が明らかになっているのかを調べることは、探究テーマや「問い」の設定において非常に参考になる。先行事例を探す際は、p.33「文献調査に役立つ資料」で紹介しているウェブサイトも活用してみよう。

●「問い」は何度設定し直してもよい
　せっかく考えた「問い」も、「仮説」が立てられなかったり、その後の「情報収集」や「整理・分析」の過程がスムーズに進まなかったりすることがある。探究学習は失敗をくり返しながら取り組むことも大切なので、「問い」も何度も設定し直しながらブラッシュアップしていこう。

練習問題

以下の資料①②から、日本が抱えるジェンダー・ギャップの問題点について考え、そこから具体的な「問い」と「仮説」を立てよう。

資料①：第2次岸田内閣閣僚

出典：首相官邸HPより

資料②：ジェンダー・ギャップ指数（GGI）2021年

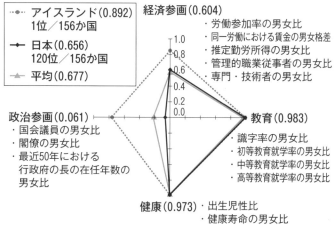

・アイスランド（0.892）
　1位／156か国
・日本（0.656）
　120位／156か国
・平均（0.677）

経済参画（0.604）
・労働参加率の男女比
・同一労働における賃金の男女格差
・推定勤労所得の男女比
・管理的職業従事者の男女比
・専門・技術者の男女比

政治参画（0.061）
・国会議員の男女比
・閣僚の男女比
・最近50年における行政府の長の在任年数の男女比

教育（0.983）
・識字率の男女比
・初等教育就学率の男女比
・中等教育就学率の男女比
・高等教育就学率の男女比

健康（0.973）・出生児性比
・健康寿命の男女比

注）1. 世界経済フォーラム「グローバル・ジェンダー・ギャップ報告書」より作成。
　　2. 分野別の順位：経済（117位）、教育（92位）、健康（65位）、政治（147位）。

出典：内閣府資料より

・・・・・・・・・・・・・・・・・・・・・ アプローチ ・・・・・・・・・・・・・・・・・・・・・

1 資料①②から考えた問題についてまとめよう。

資料①：日本の政治参画にはどのような問題があるだろうか。

資料②：政治参画以外で、あなたが特に問題だと考えるジェンダー・ギャップを挙げてみよう。

2 SDGs が掲げるゴールとの関連性を考えよう。

1で考えた問題と、かかわりの深いSDGsのゴールを挙げてみよう。

上で挙げたゴールではどのようなことをめざしているか、まとめてみよう。

❸ **❶**で考えた問題から探究テーマを決めよう。

（空欄）

❹ **❸**で決めた探究テーマから、自分が調べてみたいことについて「問い」を立ててみよう。

（空欄）

❺ **❹**で立てた「問い」に対する「仮説（＝答えの予想）」を立ててみよう。

（空欄）

❻「仮説」が立てられないなど、「問い」に問題があると思う場合は**❹**を考え直そう。

チェック

□ それぞれの資料から考えられる問題点を押さえた「問い」と「仮説」を立てることができたか。

参考 **〜SDGs ゴール5：ジェンダー平等を実現しよう〜**

ジェンダーとは本来、生物学的な性別ではなく社会的な男女の役割を意味する。「男らしさ」「女らしさ」といった世の中のイメージによる男女差別について議論する際に用いられることが多い。
男女間における不平等であるジェンダー問題は、途上国だけの問題ではない。先進国でも雇用や賃金、家事・育児の負担、政治参加など、男性が優遇されるシステムや考え方が残っている国が多くある。とりわけ日本は、世界の中でもジェンダー・ギャップが大きい国で、多くの課題を抱えている。ジェンダー平等を実現するために、これからの社会に何が求められるか考えていこう。

練習問題

以下の資料①〜④から、日本の地域の問題について考え、自分の住む地域や将来の生活につながる「問い」と「仮説」を立てよう。

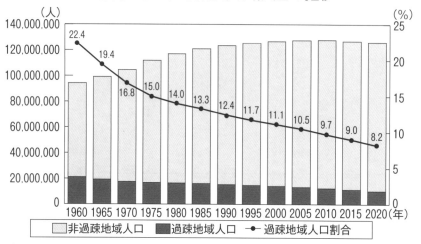

資料①：過疎・非過疎地域人口の推移

※「過疎」とは、地域の人口が減ることによりその地域で暮らす人の生活水準や生産機能の維持が困難になってしまう状態をいい、そのような状態になった地域を「過疎地域」という。

出典：総務省「令和2年度版 過疎対策の現況」より

資料②：日本の人口分布（動画）

資料③：特産品で町を活性化（動画）

資料④：ワーク・ライフ・バランス（動画）

出典：資料②③④とも NHK for school より

・・・・・・・・・・・・・・・・・・・・・・・・・・・ アプローチ ・・・・・・・・・・・・・・・・・・・・・・・・・・・

1 資料①〜④から考えたことについてまとめよう。

資料①②：日本の人口分布はどのような問題を抱えているだろうか。

資料③④：地域活性化のために、どのような取り組みができるだろうか。

2 SDGs が掲げるゴールとの関連性を考えよう。

1で考えた問題と、かかわりの深い SDGs のゴールを挙げてみよう。

上で挙げたゴールではどのようなことをめざしているか、まとめてみよう。

3 **1**で考えた問題から探究テーマを決めよう。

（解答欄）

4 **3**で決めた探究テーマから、自分の住む地域に関する「問い」を立ててみよう。

（解答欄）

5 **4**で立てた「問い」に対する「仮説（＝答えの予想）」を立ててみよう。

（解答欄）

6 「仮説」が立てられないなど、「問い」に問題があると思う場合は**4**を考え直そう。

☐ それぞれの資料に示された問題点や取り組みと、自分の住む地域について関連させて考えることができたか。

参考 ～ SDGs ゴール 11：住み続けられるまちづくりを～

　日本では、総人口の約1割が東京に住んでおり、近郊の県を合わせた首都圏には約3割の人口が集中している。一方、地方からは進学や就職を機に多くの若者が都市部に流出し、人口減少に伴う問題が起きている。都市部、地方、それぞれが抱える問題を調べ、だれもが住み続けられるまちづくりについて考えていこう。

情報の収集

「問い」について考えるには、まずは情報収集が必要だ。そのコツを学ぼう。

情報の収集とは

　探究学習における「情報の収集」とは、自分が立てた「問い」に対する「仮説」を立証するために必要な情報は何かを考え、調査することである。ここでは、図書館などを活用した文献調査やアンケート調査、インタビューなど、さまざまな情報収集の方法を学習しよう。

情報収集の方法と手順

方法1 文献調査

　論文や書籍、雑誌や新聞記事、統計資料など、すでに公表されている文書や記録などを調べる方法。

 手順

（1）調べたいテーマや関連するキーワードを絞り込む。
（2）情報の真偽がわからない Wikipedia や SNS などに頼らず、信頼性の高い情報源を活用する（資料編 p.33 参照）。
（3）調べた資料を参考文献リストに記録する（資料編 p.33 参照）。
（4）資料からわかったこと、さらに知りたいことなどを書き出す。

方法2 アンケート調査

　特定の情報を収集するために、質問項目を記載したアンケート用紙を用いて、多くの人に同じ質問を行う方法。

 手順

（1）調査計画を立てる：いつ、だれに、何について確認するために、どのような調査を行うのかを決める。
（2）アンケート用紙の作成：調査で知りたい項目を明確にして、アンケート用紙を作成する。
（3）アンケート実施：回答者に回答期限と所要時間を伝えて依頼する。
（4）回収した結果をもとにデータ入力や内容の確認をする。

方法3 インタビュー

　面接や対話など、直接人と会話をすることで情報を得る方法。

 手順

（1）インタビュー相手の選定：どのような目的でだれに行うのか考える。
（2）質問項目を決める：疑問点や知りたい点を整理しておく。
（3）インタビューの申し込み：取材対象の人にインタビューの目的や主な質問内容等を伝え、協力を依頼する。
（4）当日までの準備：筆記用具、ノート、質問を書いたメモなどを準備。
（5）インタビュー実施：インタビューの目的を伝えてから始める。
（6）聞いた話の整理：記憶が新しいうちにまとめる。
（7）インタビュー相手へのお礼：レポートなどの成果物やお礼状を送る。

練習問題

LESSON 1であなたが立てた「問い」（p.9 **4**）に必要な情報は何か、見当をつけたうえで、文献調査を活用して情報を集めよう。

・・・・・・・・・・・・・・・・・・・・・・・・・・・ アプローチ ・・・・・・・・・・・・・・・・・・・・・・・・・・・

1 LESSON 1で立てた「問い」に対してどのような情報が必要か、見当をつけよう。

2 **1**で見当をつけた情報を文献で調べ、以下の参考文献リストに記録しよう。
　※資料編 p.33「参考文献の書き方」を参照。

著者名／ 作成者名	書名／記事名／論文名 など	出版社／ 新聞社名など	出版・発行年、URL、 閲覧日など

3 **2**で調べた資料からわかったこと、さらに知りたいこと、問題点などを書き出して整理しよう。

4 文献調査に加えて、ほかの方法で情報収集を行ってもよい。

チェック

□ 信頼性の高い情報源から資料を探すことができたか。

適切な情報を集めよう
―地域の活性化―

アンケート調査に挑戦！

練習問題

LESSON 2であなたが立てた「問い」（p.11 **4**）に必要な情報は何か、見当をつけたうえで、アンケート調査を活用して情報を集めよう。

········· **アプローチ** ·········

1 LESSON 2で立てた「問い」に対してどのような情報が必要か、見当をつけよう。

2 アンケート調査を行うための事前準備をしよう。

1．調査計画を立てる	いつ、どのような形でアンケートを実施するのかを決めよう
2．回答の対象者を決める	どのような属性（年齢・性別・職業など）の人に回答を依頼するか考えよう
3．質問項目を決める	**1**で書き出した情報から、調査で知りたい項目を明確にしよう
4．回答方法を決める	記述式と選択式のどちらがよいか、理由とともに書こう

3 アンケート用紙を作成しよう。パソコンなどで作成したアンケート用紙をプリントアウトして、ここに貼ってもよい。

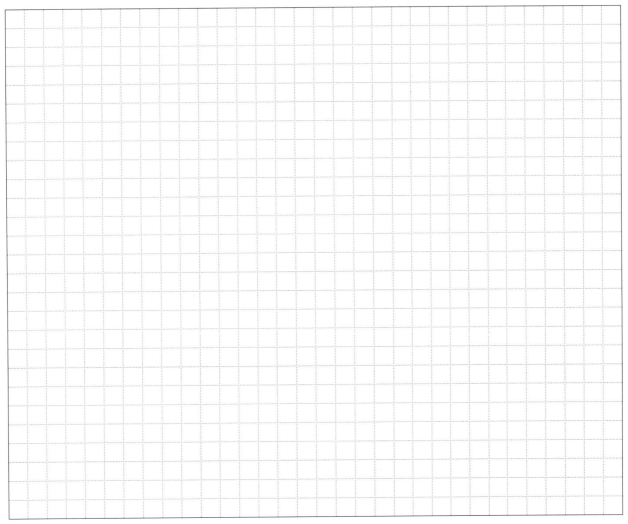

4 **3**で作成したアンケート用紙を用いて、実際にアンケートを実施しよう。

5 アンケート調査に加えて、ほかの方法で情報収集を行ってもよい。

チェック ▶

☐ 回答者が回答しづらい質問項目、選択肢になっていないか。

☐ 「仮説」の立証に効果的な対象者に、アンケートを依頼することができたか。

point アンケート調査のポイント

● サンプルが少ないと、結果の信ぴょう性が低くなってしまう。できれば100人程度をめざしてデータを集めよう。

● 年齢・性別・職業など、回答傾向の違いを分析するときの軸にできる質問項目を入れておこう。

情報の整理・分析とは

「情報の収集」のプロセスで集めた情報をいくつかの要素に分け、その原因・背景や相関関係、因果関係を明らかにすることで「仮説」が裏づけられ、「答え」の根拠となる。ここでは、集めた情報をどのように整理・分析していけば「答え」の根拠として十分なものになるのかを学習しよう。

■■■ 情報の整理 ■■■

まずは集めた情報を整理しよう。体系ごとに分類したり、データを比較しやすいようにまとめたりして、次の分析につなげよう。情報を整理する方法として、代表的なものを以下にまとめた。

1 シンキングツール

集めた情報をいくつかの要素に分ける際、情報やアイディアを図式化して整理するのに役立つ。

マトリクス表	KWL チャート（K 知っている・W 知りたい・L 学んだ）
客観的に全体をとらえるためにいくつかの要素に分類したり、関連性や優先順位をつけるために比較したりするときに役立つ。	テーマの焦点化や、探究学習の計画や見通しを立てる際に役立つ。K・W・L の要素に分けて整理する。
フィッシュボーン（特性要因図）	Y チャート / X チャート
解決したい問題の原因を知りたい際に役立つ。問題の原因を細分化し、解決方法の検討に用いることが多い。	対象についてさまざまな視点からアプローチし、新しい考えを生み出したいときに役立つ。Y チャートは 3 つ、X チャートは 4 つの視点が設定できる。

詳しい説明や、上記以外のシンキングツールについては、こちらを参考にしよう。
公益財団法人パナソニック教育財団「シンキングツール～考えることを教えたい～」
https://www.pef.or.jp/05_oyakudachi/contents/hk.html

2 データの集計、図表の作成

アンケートや実験・観察で得られたデータを表や図（グラフ）で「見える化」し、視覚的に表現することで、数値や文字だけではわかりにくいこともイメージしやすくなる。

棒グラフ	円グラフ
縦軸（横軸）にデータ量をとり、棒の高さ（長さ）でデータの大きさを表すグラフ。データの大小を比較したいときに適している。	円全体を 100% として、その中に占める構成比を表すグラフ。全体に対する各項目の割合・構成比を示したいときに適している。
折れ線グラフ	帯グラフ
横軸に時間、縦軸にデータ量をとり、それぞれのデータを線で結んだグラフ。複数の比較対象項目についての変化・増減を見たいときに適している。	円グラフと同様に、全体を 100% として各項目の構成比を表すグラフ。構成比の比較や割合を示すのに適している。

詳しい説明や、上記以外のグラフについては、こちらを参考にしよう。
総務省統計局「なるほど統計学園＞初級 TOP ＞ 4　グラフの作り方（初級編）」
https://www.stat.go.jp/naruhodo/4_graph/index.html

情報の分析

　シンキングツールや図表を使って情報を整理したら、自分が立てた「問い」と「仮説」をつなぐものとして、それがどう「答え」の根拠となり得るのかを考えていこう。情報から何が読み取れるのか、そこからどういうことが考えられるために「仮説」が「答え」となるのか、分析によって証明することが大切である。

1 原因・背景を分析する

　「原因」は、あるものごとや状態を引き起こすもとであり、「背景」は、その背後にある事情や経緯などのことである。集めた情報に見られる特徴や変化は何の影響によるものかを分析し、原因・背景を明らかにすることで「答え」の根拠としよう。

　例えば社会問題について探究学習を行う際に「仮説」として解決策を考えたら、集めた情報を分析し、取り上げた社会問題の原因・背景を明らかにしよう。その原因・背景に対して、「仮説」とした解決策が有効であることを立証できれば、「仮説」が「答え」となる。

2 相関関係や因果関係を分析する

　「相関関係」は、2つ以上のものごとが密接にかかわり合い、一方が変化すれば他方も変化するような関係のことである。集めた情報やデータから相関関係を見いだし、それらがどのようにかかわっているのか、そのかかわりから何がわかるのかを分析しよう。

　相関関係にあるものごとが、原因と結果という関係で結びついているのが「因果関係」である。集めた情報から因果関係をつかんだら、原因がどのような過程を経て結果につながったのか、その過程の背景に何があるのかを分析しよう。

　集めた情報から相関関係や因果関係を見いだして分析することで、「仮説」の立証につながる根拠を導き出すことができる。こうした分析によって、「問い」と「答え」を結びつけよう。

 point 情報の整理・分析 **NG** 例

①情報から思いつくことを並べるだけで、整理できていない

　集めた情報を整理する際、調べてわかったことや、そこから連想したことをただ並べるのではなく、適切に整理しなければその後の分析に生かすことができない。情報の相関関係や因果関係を意識して整理し、「問い」と「答え」をつなぐものにならない情報は省こう。

②データを一部書き換えている

　調査から得られたデータを図表にまとめる際、絶対にやってはいけないことが「データの改変・改ざん」である。悪意のないデータの書き換えを「改変」、悪意のあるデータの書き換えを「改ざん」という。データが「仮説」を裏づけるものでなかった場合は、「仮説」を見直して「情報の収集」をやり直そう。

③情報の分析が「問い」と結びつかない

　集めた情報の分析結果と「問い」が結びついていないと、「答え」を導くこともできない。分析の観点が適切ではないのか、情報収集の観点に問題があるのか、「問い」の立て方自体が適切ではなかったのか、その原因を解消できるところまで戻ってやり直そう。

情報を整理・分析しよう
―ジェンダー・ギャップ―

「仮説」の立証に挑戦！

LECTURE 3で学習したことをふまえてアプローチに取り組み、「情報の整理・分析」の仕方を身につけよう。

練習問題

LESSON 1 で立てた「問い」に対する「仮説」（p.9 **5**）を立証するために、LESSON 3 で集めた情報(p.13 **3**)を整理・分析しよう。

・・・・・・・・・・・・・・・・・・・・・ アプローチ ・・・・・・・・・・・・・・・・・・・・・

1 LESSON 1で立てた「問い」と「仮説」を確認しよう。

問い

仮説

2 シンキングツールや図表を使って LESSON 3 で集めた情報を整理しよう。

3 **2**で整理した情報を分析しよう。

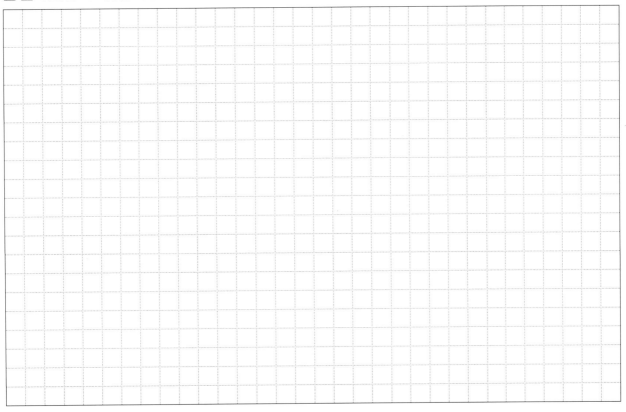

ここでの分析から、「答え」の根拠として最も説得力のあるものを選んで LESSON 7 で使おう。

参考 トピック

・働き方改革
　働く人々が、個々の事情に応じた多様で柔軟な働き方を、自分で選択できるようにするための改革。高齢者や女性の社会進出の促進、出生率改善のための制度整備、労働生産性の向上など多岐にわたる。

・ワンオペ育児
　育児の負担が一人に集中すること。日本では男性の育児休業取得が進んでいないため、ワンオペ育児に苦しむ女性が多い。

・マミートラック
　出産した女性が職場復帰した際、自分の意思とは関係なく比較的責任の軽い仕事の担当になったり、昇進や昇格の機会を与えられなかったりすること。

・晩婚化 / 非婚化
　平均初婚年齢が高くなる傾向を「晩婚化」、結婚しない人が増加する傾向を「非婚化」という。主に、女性の社会進出や将来への経済的不安などが原因に挙げられる。

チェック

☐ 適切なツールを使って情報を整理できたか。

☐ 整理した情報から「仮説」を立証するための分析ができたか。

情報を整理・分析しよう
―地域の活性化―

「仮説」の立証に挑戦！

LECTURE 3で学習したことをふまえてアプローチに取り組み、「情報の整理・分析」の仕方を身につけよう。

練習問題

LESSON 2で立てた「問い」に対する「仮説」（p.11 **5**）を立証するために、LESSON 4で集めた情報（p.15 **4**）を整理・分析しよう。

・・・・・・・・・・・・・・・ **アプローチ** ・・・・・・・・・・・・・・・

1 LESSON 2で立てた「問い」と「仮説」を確認しよう。

問い

仮説

2 シンキングツールや図表を使ってLESSON 4で集めた情報を整理しよう。

3 **2**で整理した情報を分析しよう。

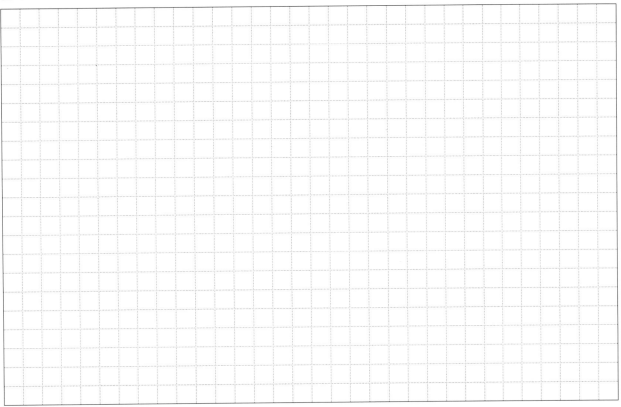

ここでの分析から、「答え」の根拠として最も説得力のあるものを選んで LESSON 8 で使おう。

 参考 ## トピック

・地方創生

　東京への一極集中を是正し地方の人口減少に歯止めをかけ、地方の成長を促して活性化するための政策。地方の停滞した現状をふまえて、情報、人材、財政など、さまざまな側面から支援する。

・地域おこし協力隊

　都市地域から過疎地域等に住民票を移し、地域おこし支援や、農林水産業への従事、住民支援などの「地域協力活動」を行いながら、その地域への定住・定着を図る取り組み。

・UJI ターン

　大都市圏の居住者が、地方に移住する動きの総称。U ターンは出身地に戻る形態、J ターンは出身地の近くの地方都市に移住する形態、I ターンは出身地以外の地方へ移住する形態を指す。

・地方創生テレワーク

　東京圏の企業に所属しながら、地方に設置されたサテライトオフィスや自宅でテレワーク業務を行う働き方のこと。都市部から地方への人の流れを加速させ、地方活性化への貢献が期待されている。

チェック

☐ 適切なツールを使って情報を整理できたか。

☐ 整理した情報から「仮説」を立証するための分析ができたか。

小論文とは

自分の意見と、その根拠を論理的に述べる文章のこと。小論文で探究学習のまとめをすることで、自分が立てた「問い」について、これまで行ってきた調査の成果を論理的な文章にまとめあげることができる。ここでは、「問い」に対して明確な「答え」（主題）を示し、確かな根拠で「答え」を論証する小論文を書くプロセスを学習しよう。

小論文の基本的な構成

自分の考えを読み手にわかりやすく伝えるためには、段落構成が重要だ。小論文では、「序論・本論・結論」の3つのまとまりで構成するとわかりやすい。小論文の基本的な段落構成として、最初と最後で主題を述べる「主題提示型」と、最初に問題点を提示し、解決する方向で述べる「問題解決型」の2つがある。自分の探究学習の成果をまとめるにあたって、論じやすい段落構成を選んで書き進めよう。

構成例

〈主題提示型〉

問い：小学生のスマートフォン利用にはどのようなルールを定めたらよいか

第1段落　主題の提示　序論

「問い」に対する「答え」を主題として提示する。

第2段落　主題の証明　本論

調査結果をもとに、「答え」の根拠を具体的に説明する。

第3段落　主題の再提示（まとめ）　結論

本論の説明をふまえ、「答え」を再提示してまとめる。

〈問題解決型〉

問い：食品ロス削減のために消費者は何をすべきか

第1段落　問題点の提示　序論

設定した「問い」を問題点として提示する。

第2段落　現状と原因の具体的考察　本論

調査結果をもとに、食品ロスが生じる原因・背景を消費者に絞って具体的に考察する。

第3段落　解決策（主題）の提示　結論

本論の考察をふまえ、「問い」に対する「答え」を提示してまとめる。

序論

序論は、主題や問題点を提示し、これから何について論じていくのかを明らかにする部分である。

探究学習のまとめとして書く場合は、自分で立てた「問い」に対する「答え」を主題として提示したり、「問い」を問題点として提示したりするとよい。

本論

本論は、具体的な考察を行って主題を裏づけたり、問題解決の方向を探ったりする部分である。自分の意見が相手にしっかり伝わるように、説得力のある説明をしよう。

探究学習のまとめとして書く場合は、「自分が立てた問いの答え」を導くために行った調査の内容と結果、さらにLECTURE 3で学んだ「情報の分析」からわかったことを説明しよう。

結論

結論は、主題の再提示やはじめに示した問題点の解決策の提示を行って、全体をまとめる部分である。これまでに述べてきたことをふまえた内容にすることが大切だ。

探究学習のまとめとして書く場合は、「問い」に対する「答え」を提示しよう。社会問題を取り上げた場合は、その問題の解決策に加え、今後の展望、今後の課題などを示してもよい。

「探究学習のまとめ」として小論文を書くプロセス

❶ 探究テーマについて、自分が立てた「問い」と「答え」（主題）を確認する

> 「課題の設定」で探究テーマについて立てた「問い」が小論文の論点になり、その「問い」に対する「答え」が「主題」になる。
> ⇒LESSON 1・2で立てた「仮説」を、情報の収集、整理・分析によって立証したものが「答え」である。

❷ 整理・分析した情報から、まとめの小論文を書くために必要なものを選ぶ

> 小論文にまとめる際は、整理・分析の結果から有効な情報を選ぼう。情報を羅列するのではなく、その情報の分析から言える「答え」の根拠を説明することが大切である。
> ⇒LESSON 3・4で集め、LESSON 5・6で整理・分析した情報から説得力の高いものを選ぼう。

❸ 文章の全体的な流れや段落構成を考えながら、❶・❷をもとに構成メモを作る

> ❶・❷をもとに、小論文の基本的な構成に沿って自分の考えを整理しよう。
> ⇒p.22参照
> なお、自分が立てた「問い」ではなく、あらかじめ設定された「問い」をもとに探究学習を行う場合は、与えられた「問い」の要求を正しく理解し、それに適した構成を図ることも必要である。

❹ 構成メモをもとに、下書き・検討・清書をする

❺ 清書したものを読み返し、推敲する

 参考 ## 構成メモを作ろう！

構成メモの作成は、自分の考えを読み手にわかりやすく伝えるために欠かせない。思いつくままに書くのではなく、構成メモであらかじめ構成を練ったうえで小論文を書き始めよう。

探究学習のまとめとして書く場合は、自分が立てた「問い」やその「答え」、それらを結ぶ情報の整理・分析結果を、序論・本論・結論のどこでどのように述べればよいか、構成例に当てはめながら考えていこう。

〈問題解決型〉のメモ例
問い：食品ロス削減のために消費者は何をすべきか

第1段落 序論	食品ロス削減のために消費者は何をすべきか ・日本の食品ロスの現状（農林水産省資料）
第2段落 本論	原因（アンケート結果）→背景 ・賞味期限切れで捨てる →必要以上に購入する。大量消費に慣れ、消費行動の問題に気づかない。 ・調理のとき、食べられる部分を捨てる →食に関する知識（食材が傷む速度、可食部、管理や調理法など）が不十分。
第3段落 結論	・消費行動を見直す ・食に関する知識や情報を収集する

まとめの小論文を書こう
—ジェンダー・ギャップ—

まとめの小論文に挑戦！

LECTURE 4で学習したことをふまえてアプローチに取り組み、小論文にまとめる練習をしよう。

練習問題

LESSON 1・3・5で取り組んだ内容をもとに、600字の小論文で探究学習をまとめよう。　注：「参考文献リスト」は省いてよい。

アプローチ

1 構成メモを作成しよう。

第1段落 序論	〈主題提示型〉… 「問い」に対する「答え」を主題として提示する。 〈問題解決型〉… 「問い」を問題点として提示する。
第2段落 本論	〈主題提示型〉…調査結果をもとに、「答え」の根拠を具体的に説明する。 〈問題解決型〉…調査結果をもとに、問題点の原因・背景を具体的に考察する。 ※ LESSON 5で整理・分析した情報から、説得力の高いものを選ぼう。
第3段落 結論	〈主題提示型〉…本論の説明をふまえ、「答え」を再提示してまとめる。 〈問題解決型〉…本論の考察をふまえ、「問い」に対する「答え」を提示してまとめる。

（練習問題解答欄）

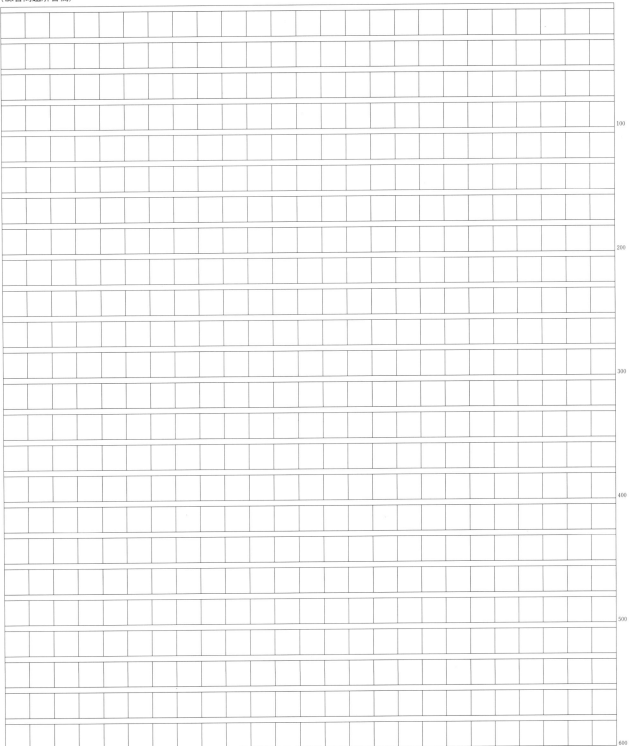

100

200

300

400

500

600

LECTURE 4で学習したことをふまえてアプローチに取り組み、小論文にまとめる練習をしよう。

練習問題

LESSON 2・4・6で取り組んだ内容をもとに、600字の小論文で探究学習をまとめよう。　　注:「参考文献リスト」は省いてよい。

アプローチ

1 構成メモを作成しよう。

第1段落 **序論**	〈主題提示型〉… 「問い」に対する「答え」を主題として提示する。 〈問題解決型〉… 「問い」を問題点として提示する。
第2段落 **本論**	〈主題提示型〉…調査結果をもとに、「答え」の根拠を具体的に説明する。 〈問題解決型〉…調査結果をもとに、問題点の原因・背景を具体的に考察する。 ※ LESSON 6で整理・分析した情報から、説得力の高いものを選ぼう。
第3段落 **結論**	〈主題提示型〉…本論の説明をふまえ、「答え」を再提示してまとめる。 〈問題解決型〉…本論の考察をふまえ、「問い」に対する「答え」を提示してまとめる。

（練習問題解答欄）

<!-- 400字詰め原稿用紙（解答欄）。右端に100, 200, 300, 400, 500, 600の文字数目盛りあり。 -->

チェック

☐ LESSON 6 で整理・分析した情報から、「答え」の根拠として説得力の高いものを用いること
　　ができたか。

☐ 構成メモを活用し、小論文の基本的な構成に沿って探究学習の成果をまとめることができたか。

SDGs の考え方

SDGs は 17 のゴール（目標）と 169 のターゲットから構成され、ターゲットの進捗度を測定するために 200 以上の指標が設定されている。

ゴール⓱を頂点として、17 のゴールを「環境」「社会」「経済」の 3 つの階層に分類する考え方を、SDGs のウェディングケーキモデルと呼ぶ。

まずケーキの 1 段目にあたるのが、私たちが生活していくための最重要課題である環境の保全で、❻⓭⓮⓯の 4 つのゴールが当てはまる。2 段目にあたるのが、人間社会と産業社会に関するゴールだ。人間社会に関するゴールは❶❷❸❹❺⓰が当てはまり、人間としての基本的な権利や、平和を希求することが盛り込まれている。産業社会に関するゴールは❼⓫が当てはまり、持続可能な社会環境を整えることが大切だ。そして、最も上部に位置するのが経済面のゴールで、❽❾➓⓬の 4 つが当てはまる。発展を重視しすぎた経済を持続可能な形態に変革する必要性が込められている。

3 階層に分類されたゴールは、それぞれを分けて考えることができないものであり、SDGs を考える際にはそれぞれの関連性にも着目することが重要だ。

SDGs ウェディングケーキモデル

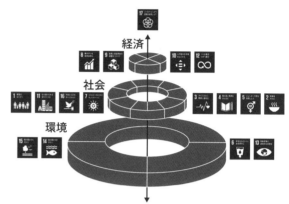

出典：ストックホルムレジリエンスセンターより

このモデルは、ストックホルムレジリエンスセンターによって提唱された。土台となる 1 段目には「環境」が位置づけられ、2 段目は「社会」が自然環境によって支えられていることを、3 段目は「環境」と「社会」が安定してようやく「経済」のゴールが見えてくることを表している。

この 3 階層をゴール⓱「パートナーシップ」が貫いている。

目標 1 貧困をなくそう		**目標 10** 人や国の不平等をなくそう	
あらゆる場所のあらゆる形態の貧困を終わらせる		各国内および各国家間の不平等を是正する	
目標 2 飢餓をゼロに		**目標 11** 住み続けられるまちづくりを	
飢えをなくし、栄養のある食料を十分に手に入れられるよう、持続可能な農業を進める		だれもが持続的に安全に暮らせて、災害にも強いまちをつくる	
目標 3 すべての人に健康と福祉を		**目標 12** つくる責任つかう責任	
あらゆる年齢のすべての人々の健康的な生活を確保し、福祉を推進する		生産者も消費者も、地球環境と人々の健康を守れるよう、責任ある行動をとる	
目標 4 質の高い教育をみんなに		**目標 13** 気候変動に具体的な対策を	
すべての人々に包摂的かつ公正で質の高い教育を提供し、生涯学習の機会を促進する		気候変動から地球を守るために、緊急対策を取る	
目標 5 ジェンダー平等を実現しよう		**目標 14** 海の豊かさを守ろう	
男女平等を実現し、すべての女性と女の子の能力を伸ばし可能性を広げる		海洋と海洋資源を守り、持続可能な形で利用する	
目標 6 安全な水とトイレを世界中に		**目標 15** 陸の豊かさも守ろう	
だれもが安全な水とトイレを利用できるようにし、自分たちで管理していけるようにする		陸の豊かさを守り、砂漠化を防いで、生物多様性損失の阻止を図る	
目標 7 エネルギーをみんなに　そしてクリーンに		**目標 16** 平和と公正をすべての人に	
すべての人が、安価かつ信頼できる持続可能な現代的エネルギーを利用できるようにする		平和でだれもが受け入れられ、すべての人が法や制度で守られる社会を作る	
目標 8 働きがいも経済成長も		**目標 17** パートナーシップで目標を達成しよう	
包摂的かつ持続可能な経済成長を進め、だれもが人間らしく生産的な仕事ができる社会を作る		持続可能な開発に向けてグローバル・パートナーシップを活性化する	
目標 9 産業と技術革新の基盤をつくろう			
災害に強いインフラを整え、新しい技術を開発し、みんなに役立つ安定した産業化を進める			

↑ SDGs の 17 のゴール
（国連広報センター資料）

SDGs コラム①
地球温暖化の進行と影響

　地球の平均気温が年々上昇している。ここ最近日本でも、猛暑日が続いたり、集中豪雨の頻度が増えて洪水が発生したり、台風が強大化したりしていることで、私たちの生活にも影響が及んでいると感じることがあるだろう。

　地球温暖化の主な原因は、温室効果ガスの排出量が増えたことにある。特にこの数十年の間、産業の発達と世界人口の急増により、二酸化炭素やメタンなどの温室効果ガスの排出量が著しく増加している。特に二酸化炭素は、私たちの生活に欠かせない電力を作る過程や、モノを運ぶための輸送など、その多くが産業部門から排出されている。また、農業、畜産業、アパレル産業などからも、温室効果ガスは多く排出されている。

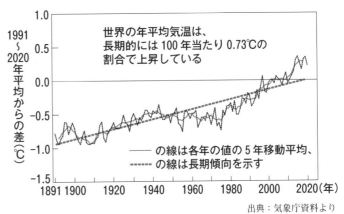

出典：気象庁資料より
世界の年平均気温偏差の経年変化（1891～2021年）

　温室効果ガスを軽減していくために重要な役割を果たしているのが森林と海洋だが、近年これらの環境も悪化している。世界の森林面積は、近年急速に減少している。森林は、二酸化炭素を吸収して地球温暖化の防止に役立っているだけでなく、生態系を守る機能もある。しかし、その森林が開発に伴う伐採や火災などで急速に減少していることで、地球温暖化が進行し、生物多様性が失われている。

　近年、地球温暖化が原因とされる洪水や干ばつ、森林火災などが毎年のように世界各地で発生している。また、中東やアフリカ、ヨーロッパなどでは、農作物の生産が大きく打撃を受けて、貧困や飢餓に苦しむ人が増加傾向にある。

　地球温暖化の影響は海にも表れている。海水温の上昇により、海の生態系が変化し始めているが、採れる魚の種類が変化することで、漁業関係者を悩ませている。また、海も二酸化炭素を吸収する能力があるが、その濃度が上昇してしまい、サンゴが近い将来ほぼ絶滅してしまうという予測もある。さらに、地球温暖化により極地域の氷が解けていることで、海水面の上昇を引き起こしており、太平洋などの島国の人々が住む場所を奪われつつある。

●温室効果ガスを減らすために、身近に取り組めることがないか考えてみよう。

SDGs コラム②
社会におけるさまざまなゆがみ

地球環境の悪化のみならず、私たちが生活する社会においてもさまざまな問題が浮き彫りになっている。まず、貧困や飢餓が深刻である。世界銀行では「1日1.9ドル未満で生活している人」を貧困層と定義していて、約7億人が貧困状態にあるとされている。飢餓人口も約8億人と世界人口の約1割に相当し、毎年多くの人が餓死している。日本でも、その国の生活水準や経済環境に比較して困窮した状態である「相対的貧困」の状況に置かれている人が6人に1人とされており、決して他人事ではない。

教育は、生活の経済的な状況に大きく影響を受ける。水くみや兄弟姉妹の子守りといった家事を担わなければならない子ども、食べるために農作業を手伝わなければならない子ども、孤児となって生きることに精一杯な子どもなど、世界中には満足に教育を受けることができない子どもが数多くいる。

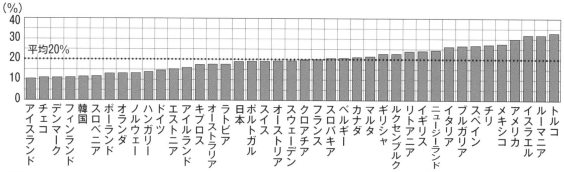

(注)　データは2018年、ただしカナダ、チリ、ニュージーランド、トルコは2017年、オーストラリア、アイスランド、イスラエル、米国は2016年、日本は2015年。

出典：ユニセフ資料より

子どもの相対的貧困率(2018年)

人間は生まれながらにして基本的人権を有しているが、昨今ではそのことが世界中で軽視されている現状がある。人種差別撤廃やジェンダー平等の実現が大きな課題となっているなか、特に日本では、ジェンダー問題で大きく遅れをとっている。各国における男女格差を測る「ジェンダー・ギャップ指数」は、先進国のなかでも最低レベルであり、特に政治面や経済面での男女格差が大きいことが指摘されている。性の多様性も世界中で認識されつつある。「LGBTQ」というワードが急速に拡大し、権利を獲得する動きが加速しているが、日本では同性婚が法的に認められないなど、国としての制度が追いついていない。

そして何より、平和の追求は最も基本的な人権保障といえる。しかし、世界各地で武力を用いた紛争が後を絶たない。ひとたび紛争が発生すると、多くの犠牲者が出るだけでなく、国を追われ難民とならざるを得ない人々が大量に生じてしまう。平和を追求するために、国際社会が取り組まなければならないことは多くある。世界に平和を呼びかけていくために日本はどのような役割を果たせるか、考えておきたい。

●貧困や飢餓がなくならないのはなぜか、経済面、社会面、環境面から考えてみよう。

SDGs コラム③
脱炭素社会の実現と再生可能エネルギー

　地球温暖化を促進する温室効果ガス排出の最大の原因は、私たちの生活に欠かせない電力エネルギーの発電にある。これまでは、石炭や天然ガスといった化石燃料を燃やす発電方法が主流だったが、近年は発電時に温室効果ガスを排出しない再生可能エネルギーを主力電源化することが進められている。

　再生可能エネルギーには、太陽光、風力、地熱、水力などさまざまな種類があり、その導入率は、各国によって大きくばらつきがある。日本の再生可能エネルギー比率は年々増えているものの、主要国に比べると低く、今後の導入拡大が課題となっている。

　原子力発電も、二酸化炭素を排出せず大量の電力を供給でき

風力発電とメガソーラーパネル

るため、世界の多くの国で利用されてきた。しかし、2011年に発生した福島第一原子力発電所の事故以来、原子力発電の利用には、日本のみならず各国とも慎重になっている。

　こうした状況のなか、未来のエネルギーとして水素やアンモニアが注目されている。水素発電は、エネルギー効率が高く、廃棄物が排出されないというメリットがある。アンモニアは、燃焼時に二酸化炭素を出さないというメリットから、発電に向けた研究が進められている。

　脱炭素社会をめざすためには、さまざまな取り組みが必要である。例えば住環境では、年間で消費するエネルギーの量を実質的にゼロにする家であるZEH（net Zero Energy House）の導入が注目されている。移動の分野では、自動車や航空機、物流を支えているトラックや船といった輸送部門から温室効果ガスが多く排出されていることから、電気自動車やハイブリッド車への転換が世界中で推進されている。一方、ファッション産業では、「ファストファッション」といわれる安価な衣服が大量に生産され廃棄されることで、食品産業では大量の食品ロスの処理によって、地球温暖化を進行させている現状がある。

　このような現状のなかで持続可能な産業社会を維持していくためには、産業のあり方を大きく転換し、世界が掲げる脱炭素社会の実現をめざす必要がある。

●世界各国と日本の再生可能エネルギーの導入状況を比較してみよう。

経済 に関する目標を関連づけて考えよう！

SDGs コラム④
不平等の解消と新しい経済社会の実現に向けて

　世界には、経済的に豊かな国とそうでない国が存在している。資本主義のしくみは富裕層に有利なようにはたらくため、格差を拡大するという側面もあり、実際に世界の上位1％の超富裕層の人が約4割の富を独占している現状がある。

　各国政府は、2015年までに達成すべき国際社会共通の目標として掲げていたMDGs（ミレニアム開発目標）の時代からODA（政府開発援助）を行い、開発途上国の支援を展開してきたが、依然として格差の解消には至っていない。問題の改善には、グローバルな金融システムの構築、教育の普及、技術的援助など、先進諸国が行えることがまだまだ数多くあるだろう。

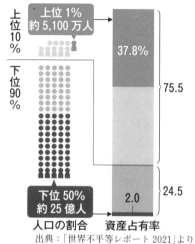

世界の資産占有率（2021年）

出典：「世界不平等レポート2021」より

　SDGs達成には企業の取り組みが非常に重要であるが、そのなかでも特に注目されているのがESG投資である。ESG投資とは、環境（Environment）、社会（Social）、ガバナンス（Governance）に配慮した経営をしている企業を選択して投資することを指す。近年、企業はESGに配慮した事業活動を展開できなければ、投資家だけでなく顧客や取引先からの信頼が得られなくなる傾向にあり、利益だけを追求していては、長期的にビジネスを展開できないともいわれている。

　労働に関する課題も社会における不平等につながっている。「ディーセント・ワーク」とは、働きがいのある人間らしい仕事のことを指す。しかし、「働きたくても働けない」失業者の増加、「過労死」を引き起こすほどの長時間労働、賃金格差など労働市場におけるジェンダー格差など、世界には働くうえでの課題が多く残されている。

　また、労働における人権侵害も深刻である。経済的に貧しい国では、労働力を補うために児童労働や強制労働などの人権侵害が発生しているが、その背景としてグローバル経済の進展による不公平な貿易のしくみや社会構造がある。私たち消費者も、開発途上国が作った製品を適正な価格で継続的に購入するフェアトレード商品を購入するなど、身近にできる取り組みを考える必要がある。

　こうした社会問題の解決には、これまでなかったような新しい技術やアイディアを生み出す「イノベーション」が求められる。誰一人として取り残されることのない社会をめざして、私たち一人ひとりができることを考えていきたい。

> ●だれもが働きやすい労働環境とはどのような環境か、考えてみよう。